DAS LICHT DER WEIHNACHT

Die schönsten Weihnachtsgedichte

VERA HEWENER

Über das Buch

An Weihnachten leuchtet ein ganz besonderes Licht. Es steht für Prophezeiung, Sehnsucht nach Geborgenheit und Liebe. Wenn die erste Adventskerze angezündet wird, beginnt die schönste Zeit des Jahres: die Weihnachtszeit. Das Buch versammelt heitere, besinnliche, nachdenkliche und religiöse Weihnachtsgedichte aus dem literarischen Werk von Vera Hewener.

Über die Autorin

Vera Hewener, Dipl.-Sozialarbeiterin, geb. 1955, veröffentlicht seit 1986 Lyrik, Erzählungen und Bühnenstücke. Veröffentlichungen in Deutschland, Österreich, der Schweiz, Frankreich und Ungarn, Einzelübersetzungen ins Französische und Ungarische. Mehrfach ausgezeichnet, u.a. vom Centro Europeo di Cultura Rom (I) 2001 Superpremio Cultura Lombarda, von CEPAL Thionville (F) 2005 Großer Europäischer Preis der Poesie, 2007 Goethe Trophäe, 2017 Wilhelm Busch Preis.

Pressesplitter

"Heweners Sprache ist Rhythmus und Malerei." Beatrix Hoffmann, SZ 07.05.02. "Hymnisch-gewaltige Gesänge lassen an Hölderlin und Rilke denken." Jürgen Kück, SZ 17.11.03. "Anmutige, unverbrauchte Bilder." Ruth Rousselange, SZ 07.06.17. "Offensichtlich steckt auch ein Schalk in Hewener." Anja Kernig SZ 07.12.17.

DAS LICHT DER WEIHNACHT

Die schönsten Weihnachtsgedichte

VERA HEWENER

Die Deutsche Bibliothek verzeichnet diese Publikation in der Deutschen Nationalbibliografie; detaillierte bibliografische Daten sind im Internet unter www.http://dnb.dnb.de abrufbar.

Herstellung und Verlag:
BoD – Books on Demand,
Norderstedt

Printed in Germany
1. Auflage 2022
ISBN 9783756844197
10,00 EURO

INHALTSVERZEICHNIS

WENN AN KALTEN WINTERTAGEN

AUS SILBERWOLLE
gestrickt Eiskleid der Tannen
trägt Kälterosen

SCHNEEGEFLÜSTER

In Tannenwäldern wirbelt Wind,
schneidet mit seinem Singen,
mit eisigen, kristall'nen Klingen
den Winterhauch, der sich verspinnt
auf Frostes Nebelschwingen.

Im Silberschimmer leuchtet Licht,
kleidet mit seinem Scheinen
ein pfeifendes, metall'nes Weinen,
das Winterlied, das Nächte bricht
aus Sternes Glitzersteinen.

Und in des Schnees Einsamkeit
flüstert ins Herz der Stunde,
aus edelstem, aus schönstem Munde,
die Christrose die Seligkeit
von Engels Botenkunde.

DAS LICHT DER WEIHNACHT

Oh, wie ist dies alles voller Prophezeiung,
die Straße, die ins Schwarze krumm sich windet,
die müden Häuser in der Winterweihung,
das Knistern hinter Fenstern stumm verschwindet.

Ein graues Wolkenwandern, das in Dunkles mündet,
darin Laternenschein sich wiederfindet.
Ein Sternenlicht die stille Nacht anzündet,
ein Hauch von Sehnen, das die Liebe bindet.

Wie ist dies alles so geheimnisvoll erwartend,
als ob die Zeit sich träumerisch verschwendet,
als ob ein Sprössling, seine Welteroberung startend,
sich wissentlich dem Todgeweihten spendet.

Du ahnst die Tiefe dieser Erdenkreisumrundung,
den Sonnenlauf, der unterm Horizont sich dreht,
der Wunsch nach Heilung deiner Herzverwundung,
das Licht der Weihnacht, wenn alles aufersteht.

WEIHNACHTSFREUDE

Wenn an kalten Wintertagen
leis der Nebel niederfällt,
hört man stumm die Herzen schlagen,
in der Stille ruht die Welt.

Kerzen werden angezündet,
leuchten auf zu Jesus Christ,
dass er unsre Seelen findet,
er unser Erlöser ist.

Weihnacht rückt aus weiter Ferne
nun ganz nah an uns heran.
In der Höhe leuchten Sterne,
sagen uns das Christfest an.

Hell erstrahlen Kerzenlichter,
schmücken Weihnachtsbaum und Haus,
Freude spiegeln die Gesichter,
denken an den Weihnachtsschmaus.

DANN FÄLLT DOCH SCHNEE

Advent ist heuer, es ist der erste,
alles wird teurer, nicht nur das Hehrste.
Fällt noch kein Schnee, ist keine Stimmung,
still ruht der See, der Lichter Dimmung.

Weihnachtsmarkt lockt erwartungsvoll Kinder,
das Karussell dreht vernagelte Rinder.
Und mittendrin grüßt der Weihnachtsmann,
schnell zieht er Kinder in seinen Bann.

Zweiter Advent, es ruft Glühweinduft,
Trommeln laut schlagen, Popcorn aufpufft.
Sternenbilder schneiden Kinder aus,
basteln ein Schild, ein Weg wird daraus.

Dritter Advent, es wird wieder kälter.
Maronen schmoren im Glasbehälter,
Watte duftet und geröstete Mandeln,
Chöre bitten, die Welt soll sich wandeln.

Endlich fällt Schnee, Eisblumen wachsen.
Beim heißen Tee die Eltern flachsen.
Draußen bau'n Kinder Schneemänner im Frost.
Zeit dreht sich geschwinder, ein Stern zieht von Ost.

Kerzen zünd an, heut auch die vierte,
die Nacht begann. Wo ist der Hirte,
der's Kindchen bewacht, den Frieden auf Erden,
der Türen aufmacht, dass alle Beschwerden
die Menschen tragen, im Lichtschein vergeh'n,
wenn wir es wagen, zu Gott aufzuseh'n.

ES WEIHNACHTET IM SAARLAND

Im Tannenwald die Flocken wehn
das hübscheste Bild, das du je geseh'n.
Es weihnachtet im Saarland,
wir feiern das Fest zu Haus.

Die Lichter glüh'n, die Kerzen sprüh'n,
es duftet an Ständen, Kastanien brüh'n.
Es weihnachtet im Saarland,
wir feiern das Fest zu Haus.

Das rote Rentier Rudolf
am Himmel zieht vorbei
und Nikolaus vom Himmelstor
liest die Geschichte vor.

Das Herz wird leicht, das Licht ihm gleicht.
Wir feiern die Freude, die uns erreicht
und reichen die Hände zum Freundesgruß
und halten Festtagsschmaus.
Es weihnachtet im Saarland,
wir feiern das Fest zu Haus.

Am Weihnachtsmarkt die Händler stehn,
den hübschesten Tand, den du je geseh'n.
Es weihnachtet im Saarland,
wir feiern das Fest zu Haus.

Wie schön es ist, wenn man sich küsst,
du unter dem Mistelzweig glücklich bist.
Es weihnachtet im Saarland,
wir feiern das Fest zu Haus.

Und vor der großen Krippe
die Kinder staunend stehn.

Und Ochs und Esel bläst ins Ohr
laut der Posaunenchor.

Und alles singt, der Chor erklingt,
in jedem Gesang die Freude schwingt.
Wir reichen die Hände zum Freundesgruß
und halten Festtagsschmaus.
Es weihnachtet im Saarland,
wir feiern das Fest zu Haus.

An Heiligabend ist's soweit,
wir stehen zu Haue im Festtagskleid.
Es weihnachtet im Saarland,
wir feiern das Fest zu Haus.

Dann wird es still, ein Glöckchen klingt,
ein Kind wie ein Engel die Lieder singt.
Es weihnachtet im Saarland,
wir feiern das Fest zu Haus.

Die Tür ist immer offen,
die Nachbarn klopfen an.
Wir wünschen uns ein frohes Fest,
das glücklich uns seinlässt.

Ein Freudentanz im Lichterglanz.
Es brutzelt im Ofen die Weihnachtsgans.
Wir reichen die Hände zum Freundesgruß
und halten Festtagsschmaus.
Es weihnachtet im Saarland,
wir feiern das Fest zu Haus.

WENN WIR JEDE NACHT AN DAS CHRISTUS-KIND DÄCHTEN

Wer denkt im Juli schon an den Advent,
wenn im Schein der Sonne die Haut verbrennt,
wenn im Abendlicht flötet Vogelgesang,
wenn die Herzen lockt der Himmelsklang?

Wer will im Sommer schon Schnee und Eis,
wenn die Luft so schwül, der Himmel heiß,
wenn der Schweiß aus den Poren nur so trieft,
bis Mondnacht spät die Sterne hochhievt?

Wer hat im Sonnenschein Leid gehört,
wenn der Waffennarr seine Unschuld beschwört,
wenn in Kriegen so viele Kinder getötet,
dass Häuser und Straßen vom Blut gerötet?

Wer denkt im Juli schon an den Advent,
wenn der Krieg die Städte und Dörfer verbrennt,
wenn der Schrei Verfolgter durch Wälder schallt
und in den Nachrichten widerhallt?

Wir haben nur im Dezember Advent,
wenn Kerze um Kerze am Kranze abbrennt,
wenn wir bitten um Frieden in aller Welt,
wenn das kleine Christuskind Einzug hält,

wenn wir hoffen auf Gottes Barmherzigkeit,
den Frieden der Seelen, Gerechtigkeit,
wenn in stiller Nacht Waffenruhe ist,
selbst die Feinde hoffen auf Jesus Christ.

Ach, hätten wir jeden Tag stille Nacht,
hätt die Waffenruhe den Krieg umgebracht,
der Aktienkurs wäre eingebrochen,

der Waffennarr käm' zu Kreuze gekrochen,
hätte alles verloren in diesen Nächten,
wenn wir jede Nacht an das Christuskind dächten.

DIE SCHNEEROSE

Stille wiegt im Silberbett die Nieswurz,
Rose, die ihren Kelch
mit Schwindel füllt.

Erhaben im Schneeschaum,
wenn Frost dich umzittert,
bittert in der Kälte
ein weißes Blütengewand.

Birgt auch die Zeit ein ewiges Geheimnis:
die Schneerose blüht für ein Kind,
das uns geboren aus göttlicher Neigung.

ADVENT

Wenn Eisblumen blühen an Fensterscheiben
und Kinder sich rosige Nasen reiben,
ist Winter, die frostige Zeit.

Wenn Schneeflocken Winterreigen knüpfen
und über Tannennadeln hüpfen,
ist Weihnachten nicht mehr weit.

Es duftet nach Plätzchen und Lebkuchenherzen,
nach Mandarinen, Nüssen und Kerzen,
ein eisiger Wind streift ums Haus.

Knecht Ruprecht füllt den Sack mit Geschenken,
die Glöckchen klingeln, die Sterne lenken,
an die Tür klopft Sankt Nikolaus.

WICHTELMANN UND KNUSPERMAUS

Wichtelmann geht voran,
Knuspermaus folgt ins Haus
in den Keller.

Von dem Teller
in die Schürzen Kipferl stürzen,
Sterne laufen mit den Schlaufen,
Plätzchen-Schätzchen
huckepack in den Sack.

Mit den Stollen trollen
aus dem Häuschen
Weihnachtmäuschen.
Nacht für Nacht
wurd' der Vorrat kleingemacht.

Und am Heiligabend,
am Naschwerk gern sich labend,
sich freuen Vater, Mutter, Kind.
Wo bloß die ganzen Schätzchen sind?
Wo sind all die Schokonüsse,
Mandelsplitter, Zimtsternküsse?

Bäckerin und Hilfsgenossen
zweifeln: „War's auch abgeschlossen?"
Wo ist nur das Gebäck geblieben?
Bei Knuspermäusen, Weihnachtsdieben!
Jetzt bleibt uns nur der Rest
für das Weihnachtsfest!

WINTERLIEBE

Unter Schneeflockendecken
des Winterbetts
ruhen Schläfer

Schutz befohlen
Erd gewärmt
Zeit verdrossen

über ihnen
die Fackel der Christrose
die im Funkenflug
des Nordlichts
aufblüht

weißlippig
Schnee schnippig
Frostfrau
Winterliebe
Lichtgeburt

WINTERWUNDER

Kälte dampft. Auf den Hügeln
federn Flocken, ein Sternentanz,
der aus dem Himmel fiel.
Und Wolken schweben
wie Brocken in den Bügeln
der Winterluft. Nie stieg
ein kälterer Herr aus dem Schlitten
und stapfte sein Zepter auf den Glanz
des Eises. Schneetropfen weben
Perlenketten, die beben.
Langsam aus den Höhen glitten
sie hinab auf den Kranz
der Tannenkronen. Dann schwieg
das Wintermärchen.

Auf frostigen Ästen
wippte ein Vogelpärchen,
nippte von den Futterkästen
und flötete Dankeslieder.
Drinnen brannten die Scheite nieder
im Kamin, dass Funken sprühten.

Und in leeren Gärten blühten
alle Christrosen wieder,
kündeten vom kommenden Wunder
der Niederkunft. In stiller Nacht
entfesselte Himmelszunder
den Glauben an das göttliche Kind,
dass seine Gnade die Seelen find,
und über uns ein Engel wacht.

WINTERSPUK

Die Sonne setzt müde zum Sinkflug an,
der Abend dämmert, es wird bald schneien.
Drei Katzen jammern, ein lautes Schreien,
im Garten hüpft ein wilder Butzemann.

Er hämmert fest gegen Fensterscheiben
und springt und singt in schaurig lautem Ton,
ruft wie von Sinnen: „Bringt mir den Sohn,
sonst werd' ich mir sein Herz einverleiben."

Der Vater bittet: „Nimm meins an seiner Stelle."
Die Mutter weint, das Kind fest in den Armen,
und fleht ihn an: „So habe doch Erbarmen,
was ich auch hab, ich leg's vor unsre Schwelle."

Der Kobold lacht und ist nicht abzuweisen,
holpert und poltert, feixt hämisch dabei:
„Bringt mir den Sohn, dann seid ihr frei."
Und fängt an, mit Feuer das Haus einzukreisen.

Die Mutter packt, was sie finden kann, zusammen,
öffnet die Tür und legt das Opfer ab:
„Nimm mich dazu, ich werfe mich ins Grab".
Sie läuft in das Meer der lodernden Flammen.

Das Kind rennt erschüttert der Mutter hinterher,
der Vater folgt, ergreift den Sohn geschwind.
Da tobte plötzlich ein eisig rauer Wind,
löschte das Feuer und das Flammenmeer.

Die Mutter stand im Nebel unbeschadet wieder.
Es schneite Tränen auf den bösen Puk,
den eine Bö enthob, vorbei der Winterspuk.
Ein Sternenregen fiel auf sie hernieder.

DIE WORTE DER WÄLDER

Das Grün der Täler verblasst
vor der Tiefe dunkel fallender Nebel.
Schweigsam wird's sein,
wenn die Nächte in Tagen Einkehr halten
und meine Seele zwingt zum Licht.
Die Worte der Wälder lauten jetzt:
spitze Klänge des Frosts.
Durch die Äste wirrt Eiswind,
steift seinen Hauch über die Kronen
und im kalten Glas verliert ein Vogel gegen die Zeit.
Im grauen Blickfeld spinnt Silberfäden das Nebeldach,
gießt Kristalle ins Tal, die heimleuchten.
Ihr Funkeln flirrt mir plötzlich im Auge,
als ich, den Tag aufsammelnd, am Fenster stehe,
geblendet vom Glanz, nicht mehr wähnend
den farbigen Verlust vor der Lichtflut des Verschneiten.

SCHNEEFALL

Im Windhauch tanzt Schnee, entlädt seine weiße Last
langsam auf Feldern und Wäldern.
Ein bleicher Blick schweift in die Täler,
versinkt im Endlosen der weiten Ferne.

Spröder klirren die Dächer im Reif,
das Herz meiner Sehnsucht beginnt zu wandern.
Vom Gipfel läutet die Kapelle des Himmels
Hosanna in der Höhe über den Kirchturm.

Im untergehenden Licht stirbt das Kreuz der Berge
lautlos im Schneegefilde, streckt seine Arme aus.
Flocken schleppen das Abendrot hinterher,
senken sich behutsam auf die Schleier der Dämmerung.

Die Stille der Straßen und Häuser scheint
dem Leben entrückt.
Einsames Bellen am Wegrand,
im Widerhall der Gemäuer
klingen Flötentöne und Kindergesang.

Ich schließe das Fenster, stell eine brennende Kerze
in den Fensterrahmen und beginne zu träumen.

SIND'S ARME KIND, SIND'S REICHE KIND?

SCHNEE FÄLLT INS KAMIN
überall klingeln Glöckchen
es klopft an die Tür

DER SCHWARZE NIKOLAUS

Es war einmal ein Nikolaus,
der stieg aus seinem Schlitten aus.
Als er durch einen Schornstein fiel,
erklang ein helles Glockenspiel
und als er Strümpfe füllte,
der Haushund tobte, brüllte.

Dann kletterte der Nikolaus
durch den Kamin aufs Dach hinaus.
Der Bart ergraut, der Rock voll Ruß.
Die Frieda hob den Arm zum Gruß
und winkte freundlich lächelnd.
Der Nikolaus, leicht hechelnd,
grüßte zurück und rief: „Ho, ho".

Da strahlte Mutter Frieda froh.
Ein Schornsteinfeger im Advent,
was für ein schöner Glücksmoment!
Im Haus sie volle Socken fand,
der Hund das Bellen überwand.
Ein Wunder die Bescherung,
die reinste Glücksvermehrung!

Bedanken wollte sie sich gleich,
sah ins Kamin, des Fegers Reich.
Dort funkelten sämtliche Sterne.
Einen Schlitten zog in der Ferne
der schwarze Mann mit viel Gebraus. -
War das vielleicht der Nikolaus?

SIND'S ARME KIND, SIND'S REICHE KIND?

Es war einmal vor unsrer Zeit,
beginnen Märchen weit und breit.
Die Kinder lauschten einst in Ruh,
lernten fürs Leben viel dazu.
Kommt heut die schöne Weihnachtswelt,
wird keine Frage mehr gestellt.

Heut wissen wir und ahnen nicht,
Computer sind für alle Pflicht.
Die Kleinsten bleiben in der Krippe,
Eltern kommen zur Stippvisite.
Sie kennen nur die Tastatur,
das digitale Leben pur.

Und Nikolaus, man glaubt es kaum,
verirrt sich im Dateienbaum.
Er macht die Speicherkarte voll
und nicht die Socken, bunt aus Woll'.
Wer will schon Nuss und Mandelkern,
betet in Stille noch zum Herrn?

Wir skypen, mailen, simsen, smilen,
ein Christkind kann da nicht verweilen.
Das wirrt so wie der Nikolaus
durchs digitale Elternhaus.
Und schalten sich die Kerzen ein,
fließt grüner Strom als Feuerschein.

Doch kommt die heil'ge Nacht daher,
vermissen Kinder vieles sehr.
Das Basteln, Malen und das Naschen,
geheimes Wissen zu erhaschen,
wenn Opa und die Omama
erzählen, wie es damals war.

Das Singen unterm Weihnachtsbaum,
das Engelshaar, Girlandentraum,
Geschenke, auf die man sich freute,
das Auspacken der ganzen Meute,
den Tannenduft, die Wunderkerzen,
das Streicheln, Kuscheln und das Herzen.

Nun sagt, was ihr da drinnen find?
Sind's arme Kind, sind's reiche Kind?

DER NIKOLO

Der Nikolo, der Nikolo,
macht alle Kinderherzen froh.
Er stapft im Winter durch die Alp,
segnet die Kuh, das kleine Kalb
und neben ihm, sein Helfer Krampus,
trägt die Geschenke auf den Campus.

Die Liste hat er auch dabei,
trägt vor die ganze Litanei
der großen und der kleinen Sünden
und schöpft dabei aus heil'gen Pfründen,
wenn er zur Umkehr ruft und Treu.
Und alles jedes Jahr aufs Neu.

Dass jedes Menschenkind auf Erden
an Weihnachten kann glücklich werden.

OH LIEBER NIKOLAUS

In dieser stillen Weihnachtnacht
schüttet der Himmel Flocken aus,
die Augen sehn zur Himmelswacht,
Kinder warten auf Nikolaus.
Bevor sie in den Schlaf versinken
sprechen sie ein Nachtgebet.

Oh lieber Nikolaus,
wenn du kommst zu uns heraus
mit all den Süßigkeiten her,
vergiss die Schuhe nicht, die brauch ich sehr.
Bevor du gehst von mir
zieh dich warm an, nicht erfrier.
Da draußen ist es eisig kalt,
selbst die Tanne friert im Winterwald.

Ich warte schon darauf, dass der Morgen anbricht,
um zu sehn, was du mir gebracht.
Ich hab so viele Wünsche, hab bitte Nachsicht,
voller Hoffnung bin ich aufgewacht.

Oh lieber Nikolaus,
wenn du kommst zu uns heraus
mit all den Süßigkeiten her,
vergiss die Schuhe nicht, die brauch ich sehr.

Der Sandmann streute schon und ging.
Die Kinder träumen tief im Bett.
Du kannst nun herkommen und bring
den Sack zu ihnen, sei so nett.
Knecht Ruprecht kann beginnen,
sie warten schon da drinnen.

Und wenn du mit dem großen Schlitten herkommst,

komm doch zuerst zu mir in unser Haus.
Ich war nicht immer lieb, aber wenn du mir frommst,
verzeih mir bitte doch da drauß.

Oh lieber Nikolaus.

WARTEZEITEN

Scheite brennen,
Feuer lodert auf in den Kaminen,
treuer werden sich die Menschen,
reichen sich die Glühweinkännchen,
ordnen die Vitrinen.

Wartezeiten für die Kinder,
Bäckerei im Hochbetrieb,
alle Socken aufgehängt,
hurtig, denn die Zeit nun drängt!
Bitte keine Flüche!

Wenn der Nikolo da droben,
fertig ist mit Robenproben,
kommt er durch die Nacht geritten
mit riesigem Geschenke-Schlitten,
freut sich, was da groß und klein,
Nikolo im Sternenschein.

DAS KRIPPENSPIEL

Die Stachelschalen edler Kastanien
enthielten die reifen Maronen.
Das Röstgut nahender Weihnachtszeit
Christkindlmarktschmaus soll uns lohnen.

Die Märkte verplanten die Stände bereits,
das Krippenspiel emsig geprobt,
die Spielproduktion auf Hochtouren läuft,
wer eifrig ist, der wird gelobt.

Erst gestern entschloss sich der kleine Fritz,
beim Krippenspiel mitaufzutreten,
er wollte einer der Hirten sein
und an Christkindels Hüttchen beten.

Den Ochs spielte Moritz, den Esel Marie,
die Mütter nähten Kostüme.
Sie stampften und schnauften voll Übermut,
mit Stolz sprach der junge Mime.

Das Christkind im Krippchen war eine Puppe,
ganz neu, eine Supermoderne.
Sie lachte und weinte, nässte und trank,
dass die Jugend die Pflege erlerne.

Am vierten Advent war es endlich so weit,
das Ensemble geschminkt und geschmückt,
ein Toi, Toi, Toi links, ein Toi, Toi, Toi rechts,
dass die Aufführung auch allen glückt.

So standen der Ochs, der Esel und Fritz
um das Krippchen und spielten vorzüglich,
es knieten Maria und Josef davor,
das Stück für die Gäste vergnüglich.

Als der Stern am Himmel vorüberzog,
flogen elektrische Funken,
sie blitzten und sprühten und streuten zuhauf,
bis ins Krippchen sie hingesunken.

Da fing die Puppe zu lachen an,
es roch nach kokelnden Windeln,
sie jaulte und weinte und hüpfte im Stroh.
Wollt die Puppe sich Beifall erschwindeln?

Oder war das Jesulein gar verwirrt
durch das heilige Krippenspiel?
Es bäumte sich auf und rüttelte sich,
bis es wieder ins Stroh niederfiel.

Der Hirte eisern sein Liedchen vortrug,
die Stalltiere wieherten auf.
Maria und Josef die Puppe festhielten
und legten den Schleier darauf.

Als plötzlich ein Kind sich vor Lachen bog,
da lachte der ganze Saal.
Sie prusteten laut, es bebte das Haus,
das Puppenspiel ließ keine Wahl.

Des Rätsels Lösung: technischer Defekt.
Die Funken entfachten den Kurzschluss.
Die Batterien entluden sich prompt,
die Puppe geriet unter Stromfluss.

Statt Andacht herrschte laute Plaisir
mit herzhaftem Amüsement.
Dem Kind hat's gefallen, denn Freude war,
gepaart mit Félicitation.

MARIA SANG DAS LOB

DAS LIEBESGEBOT
verkündet von Engelshand
auserwählt von Gott

WEIHNACHTSLÄUTEN

Glockengeläut, wenn die Wächter des Himmels rufen,
Glockengeläut, wenn der Verkünder der Botschaft
hinabsteigt von Ewigkeits-Stufen.

Dies ist der Klang aller Klänge,
der Maria ein Kind verspricht,
der ihr auferlegt alle Gänge,
von der Geburt bis zum jüngsten Gericht.

Und Maria erkennt die Pflicht als Gnade,
die nur ihr allein wird zuteil.
Die Gewalten und Fürstentümer-Brigade
ihr beisteht, sie gebiert das Heil.

Wenn das Himmelskind lacht,
spielt mit goldenen Locken,
von der Mutter gebettet im Stroh,
aufläuten von Kirchentürmen Ewigkeits-Glocken
in der Christnacht, ein Stern steht in Loh.

Glockengeläut, wenn die Wächter des Himmels rufen,
Glockengeläut, wenn der Verkünder der Botschaft
hinabsteigt von Ewigkeits-Stufen.

EIN WINDHAUCH FÄCHELT
himmelwärts helles Glitzern
Lilien blühen

DER ENGEL DES HERRN

Siehe den Engel, hochheilige Kraft,
Wille des Himmels aus Licht,
Gottes Erfüller, Verkünder mit Macht,
durch alle Dunkelheit bricht.

Öffnet das Sternentor,
taucht aus dem Nichts hervor,
Lilien in seiner Hand,
kniet vor Maria hin,
Gottes Gebot im Sinn,
kommt aus dem ewigen Land.

Mirjam, die Tochter, untadlige Frau,
unbefleckt die Geburt,
Gottes Erkor'ne, empfangende Magd,
fand ihren Weg vorgespurt.

Freut mit Elisabeth
sich an dem Wochenbett,
ihr Sohn wird taufen den Sohn.
Gabriel segnet sie:
„Sei gegrüßet Marie,
Gott schickt mich vom höchsten Thron."

Maria voll Ehrfurcht sank auf die Bank,
wusste nicht, wie ihr geschah.
Gottes Verkünder im Lichtschein und Glanz
sprach weiter, als sie aufsah.

„Er hat dich auserwählt,
nur deine Reinheit zählt,
du sollst die Mutter ihm sein.
Sein Geist kommt über dich,
Gnade dir ewiglich,

du trägst die Pflicht ganz allein."

Mirjam erkannte die heilige Gnad,
ihr wurde ein Wunder zuteil.
Mutter des Kindes vom Vater, dem Herrn,
sollt bringen den Menschen das Heil.

Neigte voll Demut sich,
sprach: „Siehe, inniglich
bin ich die Magd meines Herrn.
Mir geschieht, wie gewollt,
dies ist, was ich gesollt,
diesen Weg gehe ich gern."

Und auf Maria ein Schein fiel herab,
heller als jemals vorher.
Engelswind füllte die Kammer mit Huld,
aufschwang das himmlische Heer.

ADVENT MARIANISCH

A userkorene
D emütige
V erheißene
E mpfangende
N iederkommende
T ochter Zions

VERKÜNDIGUNG

Durchscheinend wie des Höchsten Licht
tritt er mit einem Hauch hervor.
Fühlt, spürt sie, was zart sie umwirbt
mit Flügeln aus dem Sternentor?

Aus andrer Zeit durch alle Zeiten
ist Gabriel zu ihr gekommen.
Was er vernahm, trug er ihr zu,
er ist, weil das Heil er vernommen.

Die Flügel bauschen sich im Glanz,
verklärt der Augen stilles Flimmern
und füllt den Raum mit Gotteskraft,
des Geistes hellstes Überschimmern.

Und als er sprach, verkündete
das Ungeheure, ihr, der Allerkleinsten,
erschauert staunte, bangte sie,
dass sie erkoren war zur Reinsten.

Als zaghaft sie die Augen hob,
begriff, dass sie der Schoß des Lichts
für alle Menschen werden sollte, sank sie
zu Boden, der Sohn in ihr geboren, einem Nichts.

Da fielen von ihr Schmach und Leid,
denn Großes war ihr widerfahren;
voll Demut klopfte froh ihr Herz:
des Höchsten Gut, sie durfte es bewahren.

NUR EINE IST'S
die auserwählt
arm
schwach
einfach

Wer aber
dies missachtet
findet keinen Weg
zum Herrn
der Schöpfung

MARIENGEBET

Maria
die du alle Schmerzen einer Mutter
geboren hast
steigst empor aus der Last
irdischer Not

Schenk mir das Brot
dieser Liebe

ROSE VON JERICHO

Oh Rose der Heiligen Mutter,
getränkt mit Schweiß und Blut,
verschenke dieser Blüte Sinn
von Syrien bis Ägypten hin,
vom Libanon bis zur Türkei,
weck alle auf und mach sie frei.

Denn Einer ist, der für euch spricht:
Kommt her, die ihr nach ihm verlangt.
Die Frucht erneuert jedes Land,
das er an alle Menschen gab,
für ein Leben in Liebe, nicht für ein Grab.

Die Mutter der Liebe und Gottesfrucht,
der Erkenntnis und heiligen Hoffnung,
schenkte durch Gottes Liebe das Leben.
Nur mit Liebe kann es Wunder geben.

SING MARIA, SING

Sing Maria, sing.
Keine Liebe war je wahrhaftiger,
kein Kind je verfolgter,
kein Paradies umstrittener.

Bethlehem weint
für deine Unschuld.
Mörder sind immer noch
unterwegs.

MARIAS LOB

Maria sang das Lob, da ihr verkündet,
das Gotteskind in ihrem Leib zu tragen.
Sie sang es ohne Angst und ohne Zagen
mit ihrem Mut. Das Licht der Welt begründet

die neue Zeit, in der die Liebe mündet
ins Reich des Herrn, sollten wir es wagen
uns hinzugeben, denn euer Fragen,
Verzweifeln, vor welcher Wahl ihr heute stündet,

hätt' Maria nicht gesungen, bleibt
für immer ohne Antwort. Gottes Sohn
ist gestorben mit der Dornenkron.

Die Seele sich am Unsichtbaren reibt.
Im Irdischen werden wir nicht erfahren,
ob sich im Ewigen die Himmel klaren.

ZWISCHEN DICHTEM MARKTGE-DRÄNGEL

GLÜHWEINAROMA
Rentiere jagen davon
Herzwanderungen

WEIHNACHTSMARKT

Das Graacher Tor scheint niemand aufzuhalten
an steilen Gassen schleift der Schritt der Zeit
sie wächst hinauf und macht die Häuser weit
und spitz Versunknes reift in all den alten

Gewölben was im Schweigen sich erhalten
sich nun in schmalen Gängen unverbleit
ertürmt und aufbricht Gegenwart verleiht
und hingeht auflöst sich im Taggestalten

Ein Inneres das nicht erblindet drehend
den Grat des Widerscheins aus Mittelalter
am Weihnachtsmarkt Gelebtes schreibt der Psalter

und Altes über Alter am Brunnen stehend
ein Karussell das sich doch nie vollendet
und scheinbar mühelos ein Neues spendet

WENN GLÜHWEIN IN DEN KESSELN GÄRT

Wenn Nikolaus im Schlitten fährt
und Glühwein in den Kesseln gärt,
die Bratwurst auf dem Rost verbrennt,
dann ruft 's dich an: Es ist Advent.

Wenn's Pferdchen an der Leine zieht,
der Kutscher nicht mehr weiter sieht,
der Kampf ums Vorfahren entbrennt,
dann ruft 's dich an: Es ist Advent.

Wenn's Holzhäuschen vor Blinken springt,
die Mutter nach klein Erna winkt,
der Max dem Papa schnell wegrennt,
dann ruft 's dich an: Es ist Advent.

Wenn's Hänslein seinen Hund nicht find,
der Esel denkt, er wär ein Rind,
Marie die ganze Zeit nur flennt,
dann ruft 's dich an: Es ist Advent.

Wenn Chöre singen laut und schräg,
der Gast den Teller überlädt,
ein Sturzbetrunkener eingepennt,
dann ruft 's dich an: Es ist Advent.

Wenn Kinder nach dem Trubel müd,
die Kerze letzte Funken sprüht,
Ruprecht das Christkindchen erkennt,
dann ruft 's dich an: Es ist Advent.

SAARBRÜCKER CHRISTKINDLMARKT

Einen Teller Dippelappes!
Haben Sie auch sauren Kappes
oder Hoorische mit Speck?
Lieber Rostwurst, weiß, mit Weck!

Quiche Lorraine zum Grauburgunder
machen einen auch nicht runder.
Heute achten viele Fürsten
dass Besucher niemals dürsten.

In den schmucken Weihnachtshütten
lagern Tassen in den Bütten.
Trotz der Sammler liebsten Freuden,
Glühwein woll'n sie nicht vergeuden.

In den schmalen Seitengässchen
steh'n vor Kneipen hohe Fässchen,
Stiefelbräu statt Glühweinschwips,
dazu nimm Kartoffelchips.

Vor dem Brunnen unterm Dach
stehen Bläser mannigfach.
Strömen Gäste durch das Tor,
tönt tief der Posaunenchor.

Mandarinen und Lebkuchen
findet man beim Stiefelsuchen
und die Kinder dreh'n noch schnell
eine Runde Karussell.

Kurz vor fünfe und um sieben
schwebt der Weihnachtmann von drüben
mit dem Rentierschlitten los
übern Markt, das ist famos!

große, kleine Gäste staunen,
unterm Seil Murmeln und Raunen.
Dann gibt's hier unten in Saarbrücken
auf dem Marktplatz keine Lücken.

Nach den vielen Leckereien
lichten sich die Gästereihen.
Spät am Abend fliegen Engel
aus dem Weihnachtskneipen-Sprengel.

Nachts wachen die Ordnungskräfte
ohne all die Weihnachtssäfte.
Bis zum nächsten Marktbesuch
schwört der Gast den Treuespruch.

WINTER IM STAVANGER HAFEN

Eiswind des Nordmeers schlägt Böen
ins Hafengesicht der Fähre
die zur nächsten Überfahrt am Kai lagert

der Wellenschlag wiegt ein gelöschtes Frachtschiff
skandiert von Möwen im Aufwind
die über dem Futterplatz kreisen

am Fuße der Meeresbrücke
von der am höchsten Punkt der Stahlseile
ein Tannenbaum strahlt
werfen die weißen Schmuckhäuser der Altstadt
weiße Lichter auf die Wasserfläche
die den Glanz leuchtend widerspiegelt

die Masten der Segelschiffe erwidern blinkend das Licht
abgetakelt rucken sie an den Seilen
als wollten sie sich vor der frohen Botschaft verneigen

WEIHNACHTSZEIT IN STAVANGER

Den Pflastersteinen der Gassen folgen Passanten
in die Fußgängerzone deren Straßenseiten
Lichtgirlanden und Weihnachtskugeln verbinden
in den Laternen flackern vor den bunten Fassaden
der Altbauten rote Kerzen

unter den Heizstrahlern der Kaffeehausmarkisen
werden Sitzbänke mit Lammfellen, lila Kissen
und roten Decken ausgepolstert

hinter den Fenstern genießen Gäste heiße Schokolade
zu amerikanischen Weihnachtsliedern
in denen Rentiere durch den Schnee stapfen

über allem ragt die Kirchturmspitze
steile Gassen führen zu ihr hinauf wie ein Sternenlauf
auf dem Besucher und Tauben pilgern

ein zartes Singen flüstert *Merry Christmas*
der Wind verströmt in den Straßen
den Harzgeruch der Tannengebinde

IM APEX HOTEL, WATERLOO PLACE

Orkanböen peitschen durch die Princess Street
in der Mülleimer verschoben klappern und rappeln
Schirme werden herumgedreht
Besucher flüchten sich in die Gasthäuser

es ist leer in den Straßen Edinburghs
vereinzelt fahren Autos auf Parkhäuser zu
um das Abklingen des Sturms abzuwarten

im Apex Hotel sammeln sich neue Gäste
in der Hotelhalle die immer wieder getrocknet wird
sie warten an der Rezeption auf ihre Anmeldung
die sich hinzieht durch den Ausfall der Computer
Schlüsselkarten werden neu programmiert

nach der Wartezeit an der Bar
erholen sich die Angekommenen
mit Bier oder Champagner

wenn die Außentüren geöffnet werden
klirren am Tannenbaum die Glocken
aus Lautsprechern in den Ecken
strömen Weihnachtslieder
Freitagabend vor dem dritten Advent

SCHOTTISCHER ADVENT

Auf der Bühne am Fuß des Vulkangesteins
Parade der Weihnachtsmänner im Princess Street Garden
Dudelsackspieler tragen Schottenröcke
auf Vätern reiten Kinder
hoch droben thront Edinburghs Burg

in der Talsohle unterhalb des Weihnachtsmarktes
laufen Menschen auf dem präparierten Eisfeld
auf Kufen zur Weihnachtsmusik
Scheinwerfer spiegeln sich auf der Tanzfläche
Pirouetten verdoppeln sich

Buden locken mit Glühwein und Whisky
Seefisch und deutscher Bratwurst
wer friert sucht nach Mützen und Handschuhen
ein Händler verwandelt trockenes Pulver
mit Wasser in künstlichen Schnee

die Pferdchen des Karussells drehen sich
Kinder winken Eltern aus Kutschen zu
die Gondeln des Riesenrads steigen langsam auf und ab
am oberen Punkt blicken die Fahrgäste
den Besuchern des Scott Monuments direkt in die Augen

nahe dem Dichtersitz umwickelt ein Lichtschlauch
den Handlauf einer Rutschbahn
die sich um einen Kegelstumpf windet
auf dem Dach der Weihnachtsbimmelbahn
ziehen weiße Rentiere weiße Schlitten
am Riesenrad fährt einen halbrunden Wendekreis
für die Rückfahrt an den Anfang des Weihnachtsrummels

WEIHNACHTSDORF IN PÜTTLINGEN

Der Morgen bricht an, es glitzert im Tannenbaum,
Kinder sich freu'n, die Welt ist ein Wintertraum.
Alles steht auf, weilt am Fenster und staunt.
Hell wird es draußen, der Wind bläst und raunt.

Das Haus wird geputzt und weihnachtlich dekoriert.
Kinder im Schnee toben, selbst der Schneemann friert.
Warm verpackt alle zum Weihnachtsdorf geh'n,
Schaufenster locken, sie bleiben dort steh'n.

Die Straßen und Gassen sind festlich in Rot geschmückt.
Alle sind freundlich und lächeln sich froh zurück.
Glockengeläut in die Markthütten dringt,
spielende Bläser, der Nikolaus winkt.

Die Kutsche voll Kinder, auf Eis holpert sie herum,
schnaubende Pferde, die Glätte macht Wege krumm.
Glöckchen erklingen im knirschenden Schnee,
Chöre lobsingen, sie wärmt heißer Tee.

Der Abend bricht an. Es funkeln die Sterne schon
und voller Mond sitzt auf dem Himmelsthron.
Kinder am Fenster steh'n, schauen hinauf,
sehen das Glitzerlicht, den Sternenlauf.

Ob auch das Rentier wirklich vorüber fliegt?
Wünsche sind groß, Hoffnung die Träume wiegt.
Eltern noch flüstern, sie löschen das Licht,
im Schlaf hören Kinder, was Christkind verspricht.

Lobgesang, Glockenklang, überall Weihnachtsschall.
Zu uns kam vom Himmelsthron Gottes Sohn.
Im Weihnachtsdorf hierzuland,
jeder Christkinds Krippe fand.

WEIHNACHTSZEIT IN KÖLLERBACH

Dezember. Der Winter wirft die weißen Flocken
über das Zitterspiel von wilden Tieren.
Christrosen im Schnee die Konturen verlieren,
Landschaften im Gestöber blitzen und flimmern.
Unter der Schneelast Äste bittern und wimmern,
biegen sich, knarzen, verlieren feuchte Brocken.

Weihnachtsmarkt. Der Burgplatz gähnt, Feuer brennt
in der Frühe, Händler schüren es, errichten Stände,
stellen Tischreihen auf, sortieren Bestände,
breiten Waren aus, dekorieren, Lichter blinken
mit Ampeln um die Wette. Kinder staunen, winken
hinter Pferdekutschen her und singen. Es ist Advent.

Heiligabend. Die Mütter backen, braten, dünsten,
schmücken Tannenbäume mit Kerzenlicht,
Familien spielen Mensch-ärgere-dich-nicht.
Wenn Glöckchen klingeln, ruft zur Krippe das Kind,
alle versammeln sich und beten, denn gesegnet sind,
die da loben und preisen, sich üben in Sangeskünsten.

Mitternacht. In die Metten pilgern zahlreiche Christen,
die Orgel spielt, Priester in Festgewändern glänzen,
Ochs und Esel bewachen hinter hohen Fenzen
das Jesuskind, Maria und Josef knien betend davor.
Den Gottesdienst begleitet ein großer Kirchenchor.
Das Wort Gottes verkünden die Evangelisten.

GLÖCKCHEN UND KERZEN

Im Regal des Supermarktes
standen alle sie voll Stolz,
Glocken, Kerzen und Lametta,
Schaukelpferdchen, rot, aus Holz.

Im Advent kamen die Leute,
kauften unermüdlich ein.
Nur vier Kerzen in der Ecke
lagen da, nicht mein, nicht dein.

Heiligmorgen war's geworden,
nur noch goldnes Glöckchen hier
und die Kerzen in der Ecke
für den Kranz von eins bis vier.

Langsam leerten sich die Räume,
ganz zum Schluss wurd' abgesperrt.
Und die Chefin sah durchs Fenster
ins Regal, das nicht geleert.

Nutzlos fühlten sich die Kerzen
in der Packung hinter Glas,
auch das Glöckchen schluchzte leise,
hatten keinen Weihnachtsspaß.

Sollen wir denn gar nicht brennen,
heulten die vier Kerzen auf,
und das Glöckchen schlug voll Kummer
seinen kleinen Schlegel auf.

Plötzlich stand da vor dem Fenster
eine alte Frau und staunte,
und die Chefin sah verhohlen
durch das Glas, als leis es raunte:

„Glöckchen mag ich, Kerzen hab ich
keine mehr für meinen Kranz.
Oh, ihr lieben Weihnachtsgaben
schenkt mir euren Weihnachtsglanz."

Da erglühten alle Kerzen,
gold'ner noch das Glöckchen glänzte.
„Ach", bangte die alte Dame,
„ob sie wohl mir einer kredenzte?"

Die Frau, berührt, schloss auf die Tür,
winkte ihr zu, ging hin zum Stand.
„Warten sie", flüstert sie leise,
Kerzen, Glöckchen in der Hand.

Gab sie der alten Frau und sagte:
„Ich hab für Sie ein Lichtgeschenk."
„Oh, das ist aber wirklich gütig,
am Weihnachtsbaum ich an Sie denk."

So brannten alle Kerzen fröhlich,
hellauf das Glöckchen lieblich klang.
Und war ein wunderheilig Singen,
das durch die weiten Straßen drang.

WEIHNACHTSMARKT SANKT WENDEL

Honigküchlein in das Tüchlein.
Und Ihr Wunsch? Weihnachtspunsch!
Sie hätt gerne diese Kerzen,
Honigwachs mit roten Herzen.

Zipfelmützen um die Wette
blinken mit der Lichterkette.
Zwischen dichtem Marktgedrängel
flirren gold'ne Weihnachtsengel.

Handwerksstifte in der Schmiede
schütteln große Feuersiebe.
Meister trommeln in der Kammer
Eisen flach mit einem Hammer.

Auf dem warmen Pferdeschlitten
Klaus das Kläuschen hat geritten,
nimmt die Gerte und ruckzuck,
scheu'n die Pferde vor dem Puck.

Wenn die Mönche der Abtei
kommen aus der Sakristei,
Messdiener den Weihrauch schwenken,
dass an Wendelin sie denken.

Und im Dom singt, glühweinschwer,
der Choristen Stimmenheer.
Ach, wie war das wieder wärmend,
rufen die Besucher schwärmend.

Jedes Jahr zur gleichen Zeit
herrscht Besinnungsseligkeit.
Und mit jedem neuen Jahr
werden Weihnachtswünsche wahr.

NASCHKATZEN

Naschkatzen sind unterwegs,
schleichen fort auf leisen Sohlen,
Mandelsternchen sich zu holen
und den süßen Zuckerkeks.

Mit den feinen Schnuppernasen
finden sie die Tüten, Dosen,
stecken alles in die Hosen
oder in die Blumenvasen.

Wenn die Weihnachtglocke läutet
singen alle, groß und klein.
Doch im Keller, kann das sein,
wurd' die Bäckerkunst erbeutet!

Jetzt beginnt die Diebessuche,
war's die Minka, war's der Tasso,
alle auf Gebäckinkasso
in den Zimmern und im Tuche.

Und bei Gott, was soll ich sagen,
nirgendwo ist was zu finden,
nicht in Päckchen, den Gebinden.
Die Enttäuschung trägt der Magen.

Schließlich stellt die Blumenvase
auf den Tisch die Bäckersfrau.
Kippt sie um und schau nur, schau!
Da erschrickt die Schnuppernase.

Wer hat dies Versteck vergessen,
denken still die Weihnachtsmäuschen,
sind vor Freude aus dem Häuschen,
Erleichterung wird beigemessen.

Heiligabend war gerettet,
oh, wie fröhlich alle klingen.
Unter zarten Engelschwingen
liegt das Christkind wohl gebettet.

DIE WEIHNACHTSKÜR

Rentiers Hufe wollt nicht laufen,
Christkind lockerte die Schlaufen.
Kutsche stand auf einmal still,
Räder quietschen laut und schrill.

Kam ein Reh herbeigesprungen,
hat sich's Ziehen ausbedungen.
Christkind spannt das Rehlein an,
läuft so schnell wie es nur kann,
steht schon draußen vor der Tür.
Das war Rehleins Weihnachtskür.

WEIHNACHTSBÄCKEREI

A nisplätzchen
D resdner Christstollen
V anillekipferl
E ngelsaugen
N ürnberger Lebkuchen
T eebrötle

ES WAR ALS WÜRDEN ENGEL STÜRZEN

HIMMELSLICHTERGLANZ
ein neugeborenes Kind
spielt mit den Locken

CHRISTFEST

Am Christfest kommt Jesus zu dir,
das himmlische Kind im Engelwind,
im Stall, so arm und ganz klein,
will er dein Erlöser und Heil sein.

Am Christfest gab ich ihm mein Herz,
meine Seele wird klar, seine Liebe ist wahr.
Dies Jahr, das wünsche ich mir,
schenkt Frieden er hier allen Menschen.

Gott gibt uns die Seligkeit,
er will sich nähern, kommt aus der Ewigkeit,
schickt seinen Sohn, kannst du verstehen dies.
Dies ist sein Zeichen, das himmlische Paradies.

Frohes Christfest schreibt er dir in dein Herz,
mit voller Liebe schickt er den Sohn, du weißt es.
Fühlst du nicht, was das für ein Glück.
Kannst auch du ihn lieben,
dann kommt es zu dir zurück.

Am Christfest kommt Jesus zu dir,
das himmlische Kind im Engelwind,
im Stall, so arm und ganz klein,
will er dein Erlöser und Heil sein.

Am Christfest gab ich ihm mein Herz,
meine Seele wird klar, seine Liebe ist wahr.
Dies Jahr, das wünsche ich mir,
schenkt Frieden er hier allen Menschen.

Im dunklen Raum lag das Leben bis heut,
ohne Zukunft und ohne jede Freud.
Mein Gott, dachte ich und vergrub mich tief,

doch Gott schickte uns einen Geburtstagsbrief.

Ein Bote Gottes verkündet es überall,
das Heil wird kommen, geboren in einem Stall.
Geht es zu suchen, ein Stern wird euch lenken,
das ewige Heil Jesus Christus wird schenken.

Am Christfest kommt Jesus zu dir,
das himmlische Kind im Engelwind,
im Stall, so arm und ganz klein,
will er dein Erlöser und Heil sein.

Am Christfest gab ich ihm mein Herz,
meine Seele wird klar, seine Liebe ist wahr.
Dies Jahr, das wünsche ich mir,
schenkt Frieden er hier allen Menschen.

ALS AM HEILIGEN MORGEN DER NOTARZT KAM

Als am Heiligen Morgen der Notarzt kam,
vergaß die Mutter das Backen.
Opas Beine waren auf einmal lahm,
wegen Weihnachten überkam ihn die Scham,
denn er klackte so heftig die Hacken,
dass die Knochen sich wehrten,
und am Aufprall verzehrten.

Märsche hörte der Opa so gern, er sprang
auf zur Musik längst vergangener Tage,
die Berliner Luft er mit Leidenschaft sang,
gleichsam mit Tempo und Luft er rang.
Berauscht von der Taktvorlage,
schlug er zusammen die Schuhe,
vorbei war die Festtagsruhe.

Der Schmerz traf ihn völlig unvermutet,
die Füße, den Rücken, die Beine,
er stürzte zu Boden, die Zehe blutet,
die Mutter um ärztliche Hilfe sputet.
Die Kinder im Kerzenscheine
hoben gemeinsam den Opa auf
legten aufs gepolsterte Sofa ihn drauf.

Die falsche Musik am heiligen Morgen
den Ausschlag gab für den Schrecken.
Ach Opa so lieb, ach Opa voll Sorgen,
den anderen blieb Opas Scham verborgen.
Sie betteten ihn auf die Decken.
Die Vorbereitung aufs Fest dahin,
vorbei war die Stimmung und der Frohsinn.

Der Notarzt kam mit dem Martinshorn,
untersuchte den Korpus im Ganzen,
gebrochen war nichts, nur die Zehe vorn
er verband, den Opa überfiel der Zorn.
Das Gefühl kam zurück in die Stanzen.
Hätte er doch bloß viel mehr Verstand
gehabt ...als Soldat im Heimatland!

Der Opa versprach den Enkeln mit List,
Marschmusik nicht mehr zu spielen,
ganz besonders nicht, wenn Weihnachten ist,
dass er auch keine Fahnen mehr hisst.
Er nickte, nicht ohne zu schielen,
kreuzte rücklings die Finger heimlich und leis,
denn kein Enkel ahnt, was ein Opa schon weiß!

So fiel das Gebäck dem Sturz zum Opfer.
Aus der Truhe das Tiefgefrorene
die Mutter holte, als Weihnachtsgansstopfer
das Nudelholz diente, Opa süffelte Klopfer,
sang Lieder für's Neugeborene,
dass es die tapfere Familie tröst',
und ihn von der Schmach erlöst.

HEILIGE NACHT

Heilige Nacht, die Sterne festlich scheinen
mit seinem Heil uns der Retter umhüllt.
Lange die Welt in Sünde lag und Weinen.
Als Gott erschien, war die Seele erfüllt.
Ein Hoffnungsschimmer die dunkle Welt erfreute,
in dieser Nacht wurde die Welt getröst'.
Fall auf die Knie, sein Heil die Welt erneute.
Jubel, Jubel, Christus hat uns erlöst.
Jubel, Jubel, Christus hat uns erlöst.

Lass durch das Licht des Glaubens dich hinführen,
mit heißem Herz wir an seiner Wiege stehn.
Sein Glanz erstrahlt, öffnet die Sternentüren,
die frommen Waisen kamen ihn zu sehn.
Der Kön'ge König kam zu uns hernieder,
die weltliche Macht verlor an diesem Tag.
Höre das Wort, sing der Engel Lieder
Jubel, Jubel, das Böse dem Retter unterlag.
Jubel, Jubel, das Böse dem Retter unterlag.

Wahrlich er gab der Seele einen Hafen.
Sein Reich ist Liebe, der Welt Friedensfürst.
Er sah den Bruder in dir und nicht den Sklaven.
Liebe vereint und das Eisen zerbirst
Lobsinget ihm und preist ihn alle Chöre.
geboren für uns litt er am Kreuz den Tod.
Ehre sei Gott, oh preiset seine Ehre.
Jubel, Jubel erschallt, Ehre sei Gott.
Jubel, Jubel erschallt, Ehre sei Gott.

DIE BOTSCHAFT

Es war als würden Engel stürzen
durch alle Zeiten in unsre Erdenwelt,
den Leidensweg der Menschen zu verkürzen,
denn Licht, heller als Licht, über dem weiten Feld

die Hirten sahen nachts bei ihren Schafen;
sie standen auf und trieben ihre Herden
nach Bethlehem, den Engelchor sie trafen,
Gottes Sohn sollte geboren werden.

Doch alles was sie schließlich fanden
war eine Hütte mit einer Futterkrippe,
in der Maria, Josef und die Tiere standen,
das Kind lag im Stroh gebettet in der Wippe,

und Ochs und Esel schnauften wie die Kühe,
damit das Kind vor Kälte nicht erfror.
Der Morgenstern erhob sich aus der Frühe,
der Himmel läutete den Glockenchor,

der Knabe streckte spielerisch die Hände,
verwob der Mutter langes Schulterhaar.
Als ob die Schöpfung noch einmal erstände,
wurd' es den Hirten und der Welt gewahr:

hier lag ein König ohne Kron' im Stroh
und sah die Mutter, die ihm auserkoren;
hoch über ihnen flammte heil'ge Loh,
Der Menschen Heil im Stall war neugeboren.

ALLMÄCHT'GER GOTT

Allmächt'ger Gott, die Engelsstimmen rufen,
von Tal zu Tal, vom Gipfel weit und breit.
Bist du bei mir, erklimme ich die Stufen,
vom Anbeginn bis in die Ewigkeit.

Bist du bei mir, wird es mir an nichts fehlen,
was kommen mag, dein Licht scheint immerfort.
Du bist die Liebe, Hüter aller Seelen,
du bist das Heil der Welt und aller Menschen Hort.

Allmächt'ger Gott, bis ich dereinst muss scheiden,
schenk mir die Kraft der Liebe für und für,
lass mich im Gras, im Gras des Lebens weiden.
Dein Himmelreich leuchtet den Weg, den Weg auch mir.

Lass mich zu dir ins Paradies der Güte,
mein Herz sehnt sich zu dir nur immerzu.
Du bist das Licht, du bist des Lebens Blüte.
bist meine Zuversicht, mein Frieden, meine Ruh.

ALLERLIEBSTES LICHT

Da Du mich rufst, Dir zu folgen,
nimm nur mein Herz, nimm meine Seele ganz.
Kein Weh, kein Schmerz wird mich Dir nehmen,
vergess ich mich, vergess den Glanz.

Da Du mich rufst, Dir zu folgen,
gebe ich Dir mein ganzes Leben neu,
will Garten sein, sä' Dich mir wieder,
dass keimen kann die Frucht der Treu'.

An Deinen Blüten ich mich freue,
an Deiner Nahrung reife ich allein
und Deiner Sonn' erwächst die Wurzel,
die Tränen werden Regen sein.

Da Du mich rufst, Dir zu folgen,
geb ich mich Dir zu Deinem Willen hin,
mein Schöpfer Du, mein starker Tröster,
Du meiner Hoffnung Zuversicht,

Du hellstes, allerliebstes Licht.

CHRISTNACHT

Die Kerze seh' ich leuchten
inmitten dunkler Nacht,
wärmt Hände uns, die feuchten,
hat Lichtschein uns gebracht.

Sag an, was strahlen Kerzen
so hell und wunderbar,
dass freuen sich die Herzen
an ihrem Schein, fürwahr.

Es ist doch Christnacht heute,
die heilig stille Nacht,
erwacht ist ew'ge Freude,
Erlösung ist gebracht.

So lasst und niederknien,
lasst beten uns zu Gott,
dass Christus uns erschienen
in uns'rer Erdennot.

HEILIGE NACHT

In dieser stillen Nacht die Engelschar
mit Flügeln ihre hellen Töne schwingen
ins Erdenreich, das im hohen Klingen
des himmlischen Gesangs dem Menschenpaar

im Stall, da die Frau ein Kind gebar,
Sternen fleht, zum Leuchten sich zu bringen,
dass Funken auf die Seelen überspringen
voll hehrer Freude, denn es wurde wahr,

was einst Johannes uns verheißen hat:
dass einer kommt aus einer andren Welt,
dem er die Füße wäscht, zu Boden fällt,

was laut und mächtig scheint und satt.
Maria ihn voll Ehrfurcht an sich schmiegt,
das Heil der Welt in ihren Armen wiegt

SCHLAFLIED

Silberglöckchen, Silberglöckchen
klingt so hell und rein,
gold'ne Löckchen, gold'ne Löckchen
hat's Christkindelein.

Schlaf mein Kleiner, schlaf mein Kleiner,
singt das Mütterlein
träum mein Einer, träum mein Einer,
wirst im Himmel ein.

HEUTE IST EIN KIND GEBOREN

Heute ist ein Kind geboren
in der Dunkelheit der Nacht,
steigt herab von den Emporen
Boten der himmlischen Wacht.

Engel, ihr sollt sie uns bringen,
hoch vom Himmel diese Kund,
lasst die Flügel schneller schwingen,
fliegt hinab ins Erdenrund.

Kündet von der Gottesliebe,
die uns Menschen schenkt das Heil,
dass der Himmel offenbliebe,
Frieden wird der Welt zuteil.

Denn das Wort ist Fleisch geworden
und wohnt mitten unter uns.
Lasst die Liebe überborden,
Dank und Ehr sein eures Tuns.

Dass die Seelen nimmer leiden,
keine Schmach mehr trübt das Licht.
Wir auf Gottes Erde weiden,
seine Liebe uns gebricht.

DER WEIHNACHTSBAUM

Komm, du schöner Weihnachtsbaum,
träum mit mir den Weihnachtstraum,
dass auf allen deinen Ästen,
angeknickten, lock'ren, festen,
es leuchtet, funkelt, strahlt und glänzt,
von Lichterketten hell umkränzt.

Gold'ne Glocken, Engelslocken,
prall gefüllte Weihnachtssocken,
Haselnuss und Mandelkuss,
lang gezog'ner Zuckerguss,
rote Kerzen, Silberherzen
mit verpackten Schokoscherzen.
Baumspitze und Perlenreihen
dir den letzten Schliff verleihen.

Ist die Festtagsfracht verladen,
hängt alles am Silberfaden,
denn die Tanne stöhnt und ächzt,
wie ein alter Rabe krächzt.

Hab ich es wohl übertrieben
mit den Wünschen, Weihnachtslieben?
Tanne, bleib doch stehn, du Gute,
sonst krieg ich des Ruprechts Rute!
Wenn du fällst voll Überdruss,
ist's mit feiern zeitig Schluss!

Hätt' ich mich vorher doch gezügelt,
hätt mich der Glanz nicht überflügelt,
denn in stiller Nacht allein
reichte aus ein Sternenschein.

Kerzen hätt ich angezündet,

dass mich Gottes Liebe findet
und gewacht am Tannenbaum
unter weißem Engelsflaum.

Gottes Sohn kam in die Welt,
Liebe in den Händen hält.
Ew'ges Leben, Glück und Frieden,
sind von Gottes Sohn beschieden.

KINDERGLÜCK

Lichterhin
das Glühen und Funkeln
Kinderaugenleuchten
und die Stimmen der Chöre

Wieder sinkt ein Stern
herab durch das Dunkel der Nacht
glanzvoll und leise

Wieder warten die Menschen
auf den einen Moment
des Wunders
geduldig des göttlichen Trostes
voller Huld
für das Kinderglück
Wieder ist es
eine Nacht der Herrlichkeit

Ach wäre das Kinderglück alltäglich
welch großes Wunder geschähe
durch unser Zutun
vor den Augen des Herrn

HIER IST HEUT NACHT EIN KIND GEBOR'N

Wie war es gestern doch so kalt,
es zitterten die Bäume,
als in der Nacht über mir's schallt,
dacht ich, dass ich wohl träume.

Glitzern im Dunkeln überall,
ein Feuerwerk aus Licht,
als fielen Strahlen aus dem All,
als ob der Himmel bricht.

Und plötzlich singt und klingt es hell
aus Höhen wie ein Chor,
als wenn Engel geflogen schnell
zu uns durch's Himmelstor.

Bei meinen Nachbarn brennt noch Licht,
die junge Frau kriegt's Kind.
Sie warten lange unverricht,
bis sie die Hebamm' find.

Ein Auto hält, jemand steigt aus
und klingelt an der Tür.
Die Tür geht auf, die Tür geht zu,
ganz seltsam wird es mir,

als ob die Nacht ein Kindchen bringt,
wie damals zu der Zeit,
als ob ein Engelchor erklingt
am Himmelssaum von weit.

Ich sehe hoch, der Himmel blitzt
und schimmert voller Schnee.
Ein Kindchen schreit, ein Kindchen lacht,
die Frau stöhnt noch voll Weh.

Hier ist heut Nacht ein Kind gebor'n,
wie damals zu der Zeit,
als Ochs und Esel bei ihm fror'n,
und Sterne blitzten weit.

Es klirrt noch immer hell und zart,
der Weg wird langsam weiß.
Der Winter hat sich aufgespart,
jetzt schickt er uns sein Eis.

WUNDERLICHES IST GEKOMMEN

Rote Kerzen flammen auf,
züngeln sich in Himmelshöhen
huldigen dem Lichtgeschehen
einer Nacht im Sternenlauf.

Kranzgebinde harzig haucht,
Glocken ihre Schlegel schwingen,
einem Christuskind zu klingen.
Weihrauch Engelflügel baucht.

Aus dem Nebel zu erahnen,
Wunderliches ist gekommen,
hat die Ängste uns genommen,
will der Schuld Erlösung bahnen.

Kniet euch nieder in der Milde,
Demut sei der Liebe Glanz,
Gnade wähnt die Seele ganz,
Gottes heiliges Gefilde.

UND KÄM DAS KINDLEIN HEUT ZUR WELT

Und käm das Kindlein heut zur Welt
im heiligen Saarbrücken,
das Standesamt hätt' es gezählt,
notfalls den Namen ausgewählt,
wenn's Stammbuch voller Lücken.
Und käm das Kindlein unbemannt,
wär der Erzeuger unbekannt,
niemand würd es bedrücken.

Und ging Maria hinterher
zum Amt für Gottes Gnaden,
für Wohnung, Kleidung und Verzehr
den Antrag stellen und noch mehr
in Formularen baden.
Und wär das Kind ohn' Unterhalt,
die zugewies'ne Wohnung kalt,
würd niemand sie einladen.

Und käm die Aufsicht ungefragt
vom Amt für alle Kinder
und hätt Maria dann gesagt,
dass sie es ganz alleine wagt,
das Amt wär Vaterfinder!
Und gäb den Namen sie nicht preis,
gäb es statt Vorschuss 'nen Verweis,
die Schmach wär nicht gelinder.

Und würd der Unterhalt gekürzt
vom Amt für Gottes Gnaden,
Maria wär in Not gestürzt,
auch wenn die Ärmel aufgeschürzt,
zur Arbeit vorgeladen.
Und wär der Lohn auch viel zu knapp,
von früh bis spät wär sie auf Trab,

Leben auf Zeittaktpfaden.

Und käm ein Mann wie Josef her
und würde sie umsorgen,
erführ' das Amt die ganze Mär,
der Tratsch der Nachbarn lastet schwer,
dem Amt blieb nichts verborgen.
So gäb es doch kein Elterngeld,
weil ohne Trauschein dies nicht zählt,
es blieben noch mehr Sorgen.

Nun sag, oh lieber Herre Christ,
ob dies in Deinem Sinne ist?

WEIHNACHTSWUNDER

Es stand ein Kind im dünnen Kleid
neben Soldaten, die kampfbereit,
hat noch kein Licht, nur Leid geseh'n.
Es kam von weit, von Bethlehem.

Kennt keinen Frieden. Ringsumher
will jeder siegen seit alters her.
Ach betet all, die ihr beten könnt,
und tragt den Schall still durch den Advent

hin zu unserem Herre Christ,
dass am heiligen Ort er niemand vergisst,
dass für alle dort einmal Frieden sei
und der Stern sie erhellt beim Klang der Schalmei.

Überall auf der Welt, nicht nur in Bethlehem,
oh lieber Herre Christ, lass das Wunder gescheh'n.

DIE HEILIGE STADT JERUSALEM

Die letzte Nacht im Schlafe ich träumte, dass ich wär
im alten Teil Jerusalems, am Tempel ging ich her.
Ich hörte Kinderstimmen und jede sang so klar,
dass Engels Stimme widerklang vom Himmel wunderbar.
dass Engels Stimme widerklang vom Himmel wunderbar.

Jerusalem! Jerusalem! Mach die Tore auf und sing!
Hosanna in der Höhe! Hosanna für den König kling!

Dann schien der Traum verwandelt, verändert war die Stadt,
die Straßen leer und einsam, kein Kind ein Lied mehr hat!
Die Sonne war verdunkelt, der Morgen kalt und schrill,
ein Kreuz stand auf dem Hügel im Schatten totenstill.
ein Kreuz stand auf dem Hügel im Schatten totenstill.

Jerusalem! Jerusalem! Höre der Engel Klang.
Hosanna in der Höhe! Hosanna, der König mit sich rang!

Noch einmal wechselte das Bild, die Welt in Seligkeit.
Ich sah die heilge Stadt vor mir am See der Ewigkeit.
Die Tore voller Gottes Licht, das durch die Straßen scheint.
Sterne und Mond bei Tag und Nacht im Himmelsglanz vereint.
Sterne und Mond bei Tag und Nacht im Himmelsglanz vereint.

Jerusalem, Jerusalem! Verkünde es weit und breit.
Hosanna in der Höhe! Hosanna in Ewigkeit!

OH KÄM ZU UNS NOCH EINMAL EINER

Oh käm zu uns noch einmal einer
der seinen Himmel senkt
für unsre Welt voll Finsternis

oh käm zu uns noch einmal einer
der seine Güte lenkt
in diese Welt voll Bitternis

ach hell erstrahlten alle Sterne
im Hof des Sterns der einen Nacht
und über uns glühte von ferne
das Gotteslicht zur ewigen Wacht

doch welcher Raum wär ihm bereitet
welch Krippenplatz für ihn bestimmt
ihn der die Not in Freude leitet
der uns die Angst zu leben nimmt

oh Christ gedenke deines Höchsten
der dich befreite aus der Nacht
der dir den Engel schickt als Nächsten
auf deinem Weg zur ewigen Pracht

DAS KIND

wo bist du
kind der erlösung
in welchem krieg

wirst du heute geboren
spricht vater dir gewalt

wo bist du
kind der erlösung
in welchem land
wirst du heute geboren
spricht vater dir freiheit

wo bist du
kind der erlösung
in welcher familie
wirst du heute geboren
sagen eltern dir trennung

wo bist du
kind der erlösung
in welchem leib
wirst du heute geboren
spricht mutter dir verweigerung

wo bist du
kind der erlösung

DAS KLEINE STÄDTCHEN BETHLEHEM

Im kleinen Städtchen Bethlehem ein Paar die Herberg fand,
finster in tiefem Schlaf vergeht das stille Sternenland.
Doch in den dunklen Straßen scheint auf das ew'ge Licht.
Der Jahre Hoffnung, Angst heut Nacht
sich löst, das Licht anbricht.

Mirjam gebar das Christuskind, das Heil zur Welt gebracht.
Die Engelschar verkündete das Wunder dieser Nacht.
Und alle Morgensterne strahlten in heil'ger Freud,
preist Gott, den König und lobsingt
den Menschen Frieden heut.

In aller Stille ohne Laut dies Wunder uns geschenkt.
Gott kommt zu dir ins Herz hinein, den Blick zum Himmel lenkt.
Er kam uns zu erretten, in Sünde lag die Welt.
Wo Seelen sich ihm öffnen weit,
tritt ein in Gottes Zelt.

Die Kinder rein und glücklich sind, beten zum heil'gen Kind.
Wo Elend schreit, der Mutter Sohn ist dafür niemals blind.
Er wacht mit aller Liebe und öffnet jede Tür.
In dunkler Nacht im Glorienschein
das Christkind kam herfür.

Das heil'ge Kind von Bethlehem segnet unser Gebet,
in uns gebor'n, die Sünde stirbt, damit ihr aufersteht.
Die Weihnachtsengel singen, die Glocken klingen hell:
oh komm zu uns, Herr Jesus Christ,
oh komm Emmanuel.

AM HEILIGABEND

Am Heiligabend tröten Flöten,
Hausmusik ist heut vonnöten. -
Hans hält sich die Ohren zu,
hofft darauf, dass wieder Ruh.
Anschließend spielt auf der Geige
Onkel Alfred. - Wie ich leide!
Und zu guter Allerletzt
ein Sopransolo aufkrächzt.
Wenn's so missglückt, frag nicht nur ich:
Ist denn das noch feierlich?

Nach Hausmusik geht's ans Beschenken,
Päckchen sich entgegen schwenken.
Überall türmt sich Papier,
aus eins mach zwei, aus drei mach vier.
Kinder ihre Gaben zählen.
Wer will sich mit Warten quälen?
Friede herrscht unter Geschwistern.
Vielen Dank sich alle flüstern.
Wenn's zu viel, denk nicht nur ich:
Das ist nicht mehr feierlich!

Wenn das Beschenken ausgesessen,
folgt ein opulentes Essen:
Küchengruß, Apéritiv. -
Hoffentlich geht auch nichts schief!
Meeresfrüchte, Rinderbrühe,
Mutter gibt sich große Mühe.
Weihnachtsgans und ganz zum Schluss,
kommt der süße Puddingkuss.
Wenn's dann drückt, sag nicht nur ich:
Autsch, das ist nicht feierlich!

Danach wird alles abgespült.

Der Hund im Durcheinander wühlt.
Die Kleinen brav zu Bett gebracht,
noch kurz erzählt, noch kurz gewacht.
Dem Onkel alles aufgetragen,
den Mantel an und hoch den Kragen.

Zur Mette geht's, die Nacht ist kalt,
die Glocken läuten, mach nicht halt!
Es klingen Schellen, Weihrauch haucht,
ein Engelsingen, Atem raucht,
dir sich die Botschaft anvertraut,
Lautes wird still, die Stille laut.
Sein Geist kehrt ein, spürst du's wie ich?
Mit Gott erst wird es feierlich! –

WIE GROß DIE GNAD

Wie groß die Gnad, wie süß das Horn,
das mich errettet hat.
Bis ich dich fand, schien ich verlor'n,
dein Licht die Welt betrat.

Wie weit der Weg, wie groß die Angst,
wie kostbar deine Gnad,
mit der du um mein Leben bangst,
dein Heil, Erlösung naht.

Die Engel künden auf dem Feld,
Gott stieg vom Thron herab,
trägt Christus Liebe in die Welt,
auf ewig bis ins Grab.

Das Fleisch vergeht, die Seele lebt,
das Land zerfällt wie Schnee.
Mein Alles nur zu dir hinstrebt,
kein Leid kennt und kein Weh.

Wenn du mich rufst, zu folgen dir
in eine andre Zeit,
kehr ich voll Freude heim zu dir,
zu dir in Ewigkeit.

WEIHNACHTEN UNTER PALMEN

Wenn Weihnachten in den Sommer fällt,
bist du am anderen Ende der Welt.
Dort fällt kein Schnee, raucht kein Kamin,
im Klee Rentiere Sankt Niklas zieh'n.

Wenn Weihnachten unter Palmen ist,
im Sand sich wiegt der heilige Christ,
die Englein fächeln ihm Wind ins Gesicht,
vom Himmel herab brennt das Sonnenlicht.

Aus dem Meer geschöpft kühlt die Segenstraufe,
der Gang ins Wasser ist christliche Taufe.
Johannes blättert im Schöpfungsbericht,
als er vom König der Könige spricht.

Und siehe, der Erdkreis dreht sich unentwegt,
in Mariens Schoß Gott den Sohn niederlegt.
Wo immer auf Erden ein Kind kommt zur Welt,
ist es Gottes Geschöpf, weil Gott es gefällt.

SCHLAFE MEIN JESULEIN

Schlafe mein Jesulein, Perlchen, mein Kleiner.
Schlafe mein liebstes Kind, schlaf ein, mein Einer.
Schlafe mein Jesulein, schlafe ein Schläfchen.
Mütterlein trocknet dir all deine Tränchen.

Schließ deine Äugelein, sind schwer vom Weinen,
schließ deine Lippchen zu, wie müd sie scheinen.
Schlafe mein Jesulein, schlafe ein Schläfchen.
Mütterlein trocknet dir all deine Tränchen.

Waldbeeren, süß und fein, Jesus werd bringen,
mit ihm in Mutters Herzgärtchen wir gingen.
Schlafe mein Jesulein, schlafe ein Schläfchen.
Mütterlein trocknet dir all deine Tränchen.

Ich gebe Jesus Brot mit Butterschnippchen
und leg ihm noch dazu Püppchen ins Krippchen.
Schlafe mein Jesulein, schlafe ein Schläfchen.
Mütterlein trocknet dir all deine Tränchen.

Schlafe mein Engelchen, du Wunderschönchen,
schlafe der Welt liebstes Blümchen mit Krönchen.
Schlafe mein Jesulein, schlafe ein Schläfchen.
Mütterlein trocknet dir all deine Tränchen.

Schlafe mein Rosenkind in tausend Blüten,
schlafe du Lilienlicht, will dich behüten.
Schlafe mein Jesulein, schlafe ein Schläfchen.
Mütterlein trocknet dir all deine Tränchen.

Leg süßem Jesulein Süßes ins Nestchen,
Mandeln, Rosinen dazu aus meinem Kästchen.
Schlafe mein Jesulein, schlafe ein Schläfchen.
Mütterlein trocknet dir all deine Tränchen.

Schlafe mein Jesulein, fall in ein Schläfchen,
schlummerst so lieb wie ein ganz junges Schäfchen.
Schlafe mein Jesulein, schlafe ein Schläfchen.
Mütterlein trocknet dir all deine Tränchen.

Schlüpfen wie alle jetzt unter die Decken,
wir sind ganz leise um dich nicht zu wecken.
Schlafe mein Jesulein, schlafe ein Schläfchen.
Mütterlein trocknet dir all deine Tränchen.

WENN IN ALLEN NÄCHTEN

Wenn in allen Nächten nur Herrlichkeit wär,
gäb es keine Sorgen und Nöte mehr,
keine Finsternis und Dunkelheit.
Wenn in allen Nächten nur Seligkeit wär,
gäb es keine Trauer und Tränen mehr,
keinen Abschied und Bitterkeit.

Käm der Tag mit dem Licht,
voller Wärme und Glanz,
brächte allen das Glück unentwegt,
und die Strahlen der Sonne
sich drehten zum Tanz,
von der Freude der Menschen bewegt.

Doch wär keine Liebe, aus der dies entstand,
verwehte der Wind alle Spuren.
Und wäre kein Samen in reifender Frucht,
ständen still alle Ewigkeits-Uhren.

Wenn in allen Nächten die Liebe wär,
ruhten Herzen im Lichtschein sich aus,
sie sähen den Mond durch die Finsternis wandern,
wie ein Planet erstrahlt nach dem andern
und aufblüht der Sternenstrauß.

DIE HIRTEN AUS DEM HEILIGEN LAND

ÜBER DER HÜTTE
strahlt ein Stern Schafe blöken
Hirtenwanderung

DIE HIRTEN AUS DEM HEILIGEN LAND

Die Hirten aus dem heiligen Land
ein Chor lobsingender Engel verband.
Die Schafe, die Hunde, die Wache bei Nacht,
die Dunkelheit, von den Sternen entfacht,
ließ alle erzittern beim Klang der Schalmei,
sie bebten dabei.

Sie sahen hinauf zu den Himmelswesen,
sie konnten nicht schreiben, sie konnten nicht lesen.
Aus der Karte des Himmels, den Bildern der Sterne,
deuteten sie ihren Weg durch die Ferne.
Sie standen auf und folgten dem Licht,
mehr wussten sie nicht.

Heut hüten die Hirten satellitengestützt,
am Arm die Navigationsuhr genützt,
die Sternenschauer und Meteoriten
sind alle erforscht, es gibt keine Mythen.
Nur Engel sangen noch nie für sie,
vorbei die Magie.

Sie spekulieren mit Aktien und Zinsen,
im Auge die Gewinnmaximierungslinsen,
sie beten zu den Weltwirtschaftsgöttern,
konferieren per Video mit all ihren Vettern
und wetten auf Hungersnot, Ängste und Krieg.
Das ist ihr Sieg.

Und würden heute in finsterer Nacht
von einem Engelchor Sterne entfacht,
so wäre das Klimaveränderung
und nicht Mariens Verkündigung.
Wir wissen so viel und doch so wenig
von Christus König.

GEHT, SINGT ES VON DEN BERGEN,

Geht, singt es von den Bergen,
von überall auf dieser Welt.
Geht, singt es von den Bergen,
dass Christus ist gebor'n

Nachts Hirten wachten bei Schafen,
sie waren still und allein.
Und von oben aus des Himmelshöhn
entsprang ein heiliger Schein.

Geht, singt es von den Bergen,
von überall auf dieser Welt
Geht, singt es von den Bergen,
dass Christus ist gebor'n

Hirten ängstlich zitterten,
sahn hinauf zum Himmelstor.
Eine Engelschar voll Jubelklang
den Retter preist im Chor.

Geht, singt es von den Bergen,
von überall auf dieser Welt
Geht, singt es von den Bergen,
dass Christus ist gebor'n

Im Stall Maria niederkam,
Gott hat sie auserkor'n.
Seinen Retter sandte er den Menschen,
Christus war gebor'n.

MARIA, JOSEF UND DAS KIND

in einem alten Kuhstall sind.
Kein Wirt ihnen den Einlass bot,
kein Wasser, nichts als Hungersnot.

Als diese Nacht vorüber ging,
ein Stern am hohen Himmel hing.
Er wies den Weg Hirten im Feld.

So arm war es um sie bestellt,
dass Ochs und Esel Wärme schnauften
hatten kein Geld, konnten nichts kaufen.

Das Christkind hat uns Gott geschenkt,
damit der Mensch jenes bedenkt,
dass Seelenheil nur Liebe lenkt.

DER STERN VON BETHLEHEM

Er hörte zu, wo andere weghörten.
Er sah hin, wo andere wegschauten.
Er ergriff das Wort, wo andere schwiegen.

Er berührte Menschen, wo anderen schauderte.
Er reichte die Hand, wo andere Gräben zogen.
Er umarmte den Feind, wo andere töteten.

Kein Mensch hat ihn je wiedergesehen.
Kein Mensch ihn je wieder gehört.

Nur manchmal,
wenn jemand sich selbst vergisst
und alles hergibt,
was ihm etwas bedeutet hat,
glüht am Himmel
der Stern von Bethlehem.

WO IST DAS KIND

Wo ist das Kind der Christenheit?
Wo schläft es? Dort im Himmel.
Der Engelchor sang süßes Lied
den Hirten im Schafgetümmel.

Dies, dies ist Gott der Herr,
der Hirten Wacht, der Engel Ton,
preist, preist und singt ihm laut,
dem Kind, dem Sohn Marias.

Warum liegt es im kalten Stall,
wo Ochs und Esel speisen?
Der Christen Heil, der Sünder Trost
das stille Wort soll weisen.

In wird der Speer durchbohr'n,,
das Kreuz trägt er für dich, für mich.
Heil, Heil, das Wort ward Fleisch,
das Kind, der Sohn Marias.

So bringt ihm Weihrauch, Gold und Myrrh',
kommt her, seid ihm zu eigen.
Den König aller Könige preist,
den Thron der Lieb' zu besteigen.

Ehr, Ehre Gott in der Höh',
die Jungfrau singt und wiegt das Kind.
Freut, freut euch Christ ist gebor'n,
das Kind, der Sohn Marias.

EIN STERN LEUCHTET IN DUNKELHEIT

Ein Stern leuchtet in Dunkelheit,
weist einen Weg zu dir.
Er leuchtet bis in Ewigkeit,
bis an die Himmelstür.

Sein Licht erzählt von einer Nacht,
geboren ward der Christ,
der Herr der Herrlichkeit uns wacht,
der nicht mit Sünden misst,

Ein Gott, der Erd und Himmel schuf,
erlöste uns're Welt,
vom Himmel hallt der Engelsruf
den Hirten auf dem Feld.

So lasst uns alle weitergehn,
nach Bethlehem uns ziehn,
das Christuskind uns anzusehn,
uns vor ihm niederknien.

Von Herz zu Herz die Freude siegt,
es strahlt ein heller Schein,
das Jesuskind im Stall dort liegt,
lädt uns zum Leben ein.

GOTTES ZEIT

Du hast uns begonnen Lebensschöpfer,
hast uns gepflanzt in den Sand wie ein Töpfer,
du hast uns mit deiner Liebe genährt,
uns Tag für Tag deine Gnade gewährt.

Du bist der Hirte, wir deine Herde,
du weidest uns sanft auf den Wiesen der Erde,
du schickst uns die Engel, Himmelswächter,
Stunde für Stunde, denn wir sind nur Pächter.

Du schicktest den Sohn, Christuskönig.
Maria den Herrn lobpreist untertänig.
Des Himmels Heerscharen verkünden das Kind,
geborgen in seinem Opfer wir sind.

Die Glocken erschallen, ein Stern geht uns auf
und weist uns den Weg durch den Himmelslauf.
Maria und Josef behüten das Glück,
drei Weisen ihm folgen, Schritt für Schritt.

Sie bringen Weihrauch, Myrrhe und Gold,
auf die Knie sie fallen vor dem Wunderhold.
Die Zeit augenblicklich stille steht,
wenn die Seele in den Himmel eingeht.

Bedenke, oh Mensch, wie kurz deine Frist,
in der du hier wandelst, auf der Erde bist.
Suchst du nach Gottes Seligkeit,
dann mach dich bereit für die Ewigkeit.

DIE WEISEN

Einst zogen drei Weisen durch Sturm und Wind,
folgten dem Stern durch die Nacht.
Das Schneegestöber machte sie blind,
sie stapften und eilten zum göttlichen Kind,
ein Stern hielt am Himmel die Wacht,
ein Stern hielt am Himmel die Wacht.

Er stand plötzlich still über Bethlehem,
strahlte auf in der Dunkelheit.
Die Krippe im Stall stand auf hartem Lehm,
das Kind im Stroh lag weich und bequem,
es kam aus der anderen Zeit,
e kam aus der anderen Zeit.

Die Weisen hatten Geschenke dabei,
brachten Weihrauch, Myrrhe und Gold.
Am Ziel der weiten Landwanderei
ertönte von fern der Klang der Schalmei,
die Geburt war von Gott gewollt,
die Geburt war von Gott gewollt.

Heut ziehen drei Kinder von Haus zu Haus,
halten hoch den heiligen Stern,
sie singen und wandern herum ohne Paus',
der Sternträger immer ein Stückchen voraus,
sie künden vom Kommen des Herrn,
sie künden vom Kommen des Herrn.

HERBERGSSUCHE

Wer kann des Himmels Heiligenschein erspähen?
Ist er ein Bogen, Wolkenwogen
oder der Abenddämmerschein,
der uns umhüllt, wärmt und füllt
mit Zuversicht und Milde, da das Kälterot
ins Blau einging und uns Versprechen bot.

Das Mondgebilde hing wie ausgebackene Wähen,
als Maria und Josef bei gut Betuchten
eine warme Unterkunft suchten,
vergeblich, sie schickten sie wieder fort.
Nur ein Wirt hatte Erbarmen mit den Armen,
überließ ihnen den Stall als Zufluchtsort.

Die Nacht brach dem Weltall Schwarz
aus der Farbe, der Herbergssuche Seelennarbe.
Hirten wachten bei ihren Schafen,
sahen ein helles Leuchten, als eintrafen
himmlische Heerscharen und priesen,
den Weg zu Bethlehems Stall sie ihnen wiesen.

Hoch am Himmel leuchtete Sternenquarz
auf den Weg, Weisen huldigten ohne Bedenken
dem Kind mit Geschenken, denn es wird alle einen.
Herodes befiehlt, sucht unter Rahels Kindern
den König der Könige, dies soll mir lindern
die Angst vor den Seinen. Hörst du sie weinen?

Maria mit dem Kind floh nach Ägypten,
beschützt von Josef, ihrem Gatten.
Sie suchten Unterschlupf in verborgenen Krypten
und fanden auf der Flucht nach dem Anderswo
im Wüstensand die verdorrte Rose von Jericho
und warteten, bis Entwarnung von Engeln sie hatten.

WEIHNACHTSSTERN

Die Nacht umspannt das Gipfelkreuz der Hänge,
ein Tannenzweig im Schneegestöber sinnt
verwaist nach Licht; ein Strom aus Flocken rinnt
herab, es wirren spitze Eisgesänge

vom Joch ins Tal wie helles Tongesprenge.
Ein Strahlenkranz der Dunkelheit entrinnt
und leuchtet; neugeboren lacht ein Kind,
dass funkeln aller Zinnen Ränge.

Ein Stern entsteht, er weist den Weg den Weisen,
die unbeirrt den Ort der Schöpfung suchen.
Die heilige Verkündigung ersuchen

die Wanderer auf unberührten Gleisen.
Erschöpft verlassen sie die kahlen Pfade
der täglichen Gesellschaftsmaskerade.

PFANNENKUMMER

Wenn die Tanne nadelt,
ihn die Pfanne tadelt.
Sie würd gerne weiterkochen
wie in all den Weihnachtswochen,
denn nur bis Dreikönig
ist ihr viel zu wenig.

Jetzt wartet sie aufs Osterfest,
bis braten sie das Kloster lässt.
Bis dahin muss sie fasten,
ruhn im Sperrholzkasten.

EINE SEHNSUCHT NACH HEIL

Wollten wir das Christliche oder Anomie
Wer brachte den Mördern das Töten bei,
wer dem Dieb das Stehlen?

Wir spüren deren Gewalt in unserem Kopf,
wenn wir denken.
Welche Gehirnzellen bewegen dich?
Wir müssen sie nähren
mit Liebe und Aufrichtigkeit.

Unsere Luft schmeckt nach Sehnsucht,
Sehnsucht nach Vereinigung,
wenn wir sie erstreben.
Wir müssen sie schützen
vor Missbrauch und Verschleierung.

Wenn die Liebe sich neigt
geht das Heil verloren
für das Er gelitten.

Wir können die Augen nicht schließen,
um nicht sehen zu müssen,
aber wir können aus Liebe
eine Kirche bauen.

LIEDVERZEICHNIS SINGBARER WEIHNACHTSGEDICHTE

BÜCHER VON VERA HEWENER

Vermisstenanzeige. Gewidmet den ermordeten Juden des Naziregimes. Lyrik und Prosa. Vera Hewener. Libri BoD. Norderstedt 2000. ISBN 3-8311-0748-3. 2. erw. Auflage 2014. ISBN 978-3831107483.

Lichtflut. Reisenotizen. Lyrik und Prosa. Vera Hewener. Edition Calamus. Norderstedt 2001. ISBN 3-8311-1493-5. 2. erw. Auflage 2014. ISBN 987-3831114931.

Eine Neigung aus Blau. Gegenwartslyrik. Vera Hewener. Norderstedt 2002. ISBN 3.8311-3334-4. 2. Auflage 2014. ISBN 9783831133345

Bist Himmel mir und tausend Feuerfunken. Gedichte. Vera Hewener. Mauer Verlag. Rottenburg a/N. 2003. ISBN 3-937008-46-2.

Verwirbelungen der Zeit. Vera Hewener. Lyrik mit Bildern von Carolin Isele. WiKu Éditions Paris E.U.R.L. Paris und WiKu Verlag KG Berlin 2005. ISBN 3-86553-203-9.

Es kommen andere Ewigkeiten. Gedichte. Vera Hewener. WiKu Édition Paris ISBN 2-84976-0188 WiKu Verlag 2007. ISBN 978-3-86553-189-6.

Himmelsstürme. Vera Hewener. Gedichte mit Fotografien. edition Wort Verlag Bitburg 2010. ISBN 978-3-936554-00-3.

Das Jahr: Dichtung in vier Sätzen. Vera Hewener. Gedichte mit Fotografien. BoD Books on Demand Norderstedt 2013. ISBN 978-3-7322-3168-3.

Zaubervolle Winterwelt. Gedichte, Geschichten, Notizen. Vera Hewener. Verlag BoD Books on Demand. Norderstedt 2014. ISBN 9783735761262.

Frühlingsserenade. Die schönsten Gedichte, Geschichten und Notizen zur Frühlingszeit. Vera Hewener. Verlag BoD Books on Demand. Norderstedt 2015. ISBN 978-37347-3140-2.

Die Blüte des Sommers. Sommeranthologie. Die schönsten Gedichte, Geschichten und Kalendernotizen. Vera Hewener. Verlag BoD Books on Demand. Norderstedt 2015. ISBN 978-3-7347-89540.

In der Saar schwimmen keine Krokodile. Gegenwartslyrik & Texte. Vera Hewener. Verlag BoD Books on Demand. Norderstedt 2015. ISBN 9783738635676

Von Lorraine nach Aquitaine. Reisenotizen in Lyrik und Prosa. Vera Hewener. Verlag BoD Books on Demand. Norderstedt 2016. ISBN 9783741210860.

Du trocknest meine Tränen wieder. Religiöse Lyrik & Texte. Vera Hewener. Verlag BoD Books on Demand. Norderstedt 2016. ISBN 9783743113589.

Zaubervolle Jahreszeiten. Der Frühling. Vera Hewener. Verlag BoD Books on Demand. Norderstedt 2017. ISBN 9783743125117.

Aus meinem Federkiel. Magische Momente. Natur & Seele. Gedichte. Vera Hewener. Verlag BoD Books on Demand. Norderstedt 2017. ISBN 9783744870511.

Zaubervolle Jahreszeiten. Der Sommer. Vera Hewener. Verlag BoD Books on Demand. Norderstedt 2017. ISBN 9783744870993.

„Kerzen, Wunder, Himmels-Zunder". Vera Hewener. Lustige und besinnliche Geschichten und Gedichte zur Advents- und Weihnachtszeit. Verlag BOD Books on Demand. Norderstedt 2017. ISBN 9783744893824. 2. Ausgabe 2019. ISBN 9783738629682.

Die Jahreszeiten: Auslese. Gedichte. Vera Hewener. Verlag BOD Books on Demand. Norderstedt 2018. ISBN 9783738636017

Werkausgabe Band I. Frühe Gedichte 1970-1999. Verlag BOD Books on Demand. Norderstedt 2018. ISBN-13: 9783746025292

Kinder, Hund, Familienbund. Lustiges, Tierisches und Allzumenschliches in Lyrik und Prosa. Vera Hewener. Verlag BOD Books on Demand. Norderstedt 2018. ISBN 9783746056821

Zaubervolle Jahreszeiten. Der Herbst. Vera Hewener. Verlag BoD Books on Demand. Norderstedt 2018. ISBN 9783752842135

Christnacht, Glocken, Engelslocken. Gedichte und Geschichten zur Weihnacht. Vera Hewener. Verlag BoD Books on Demand. Norderstedt 2018. ISBN 9783748107637. 2. Ausgabe 2019. ISBN 9783741251641

In der Saar feiern die Fische. Gegenwartslyrik & Szenen. Vera Hewener. Verlag BoD Books on Demand. Norderstedt 2019. ISBN 9783732237142. 2. Auflage 2020. ISBN 9783752810080

Von Brandasund bis Nasholim. Reisegedichte, lyrische Ausflüge, Geschichten und Notizen. Vera Hewener. Verlag BoD Books on Demand. Norderstedt 2019. ISBN 9783732235841.

Tannen, Lobgesang, Weihnachtsklang. Gedichte, Geschichten, Liedtexte und Bühnenstücke zur Advents- und Weihnachtszeit. Vera Hewener. Verlag BoD Books on Demand. Norderstedt 2019. ISBN 9783750400030.

In der Saar tanzen die Schwäne. Gedichte, Geschichten & Szenen. Vera Hewener. Verlag BoD Books on Demand. Norderstedt 2020. ISBN 9783751921060.

Zaubervolle Weihnachtswelt. Geschichten, Gedichte, Stücke & Notizen zur Advents- und Weihnachtszeit. Vera Hewener. Verlag BoD Books on Demand. Norderstedt 2020. ISBN 9783752606409.

Weihnachtsklang, Lobgesang. Deutsche Gedichte und Nachdichtungen internationaler Weihnachtslieder, Gospels, Spirituals und deutsche Weihnachtslieder in moselfränkischer Mundart. Vera Hewener. Verlag BoD Books on Demand. Norderstedt 2020. ISBN 9783752606393.

Sodom und Camorra. Kurze Bühnenstücke für viele Gelegenheiten. Vera Hewener. Verlag BoD Books on Demand. Norderstedt 2020. ISBN 9783752606386

Oh Frühling, komm! Natur, Stadt & Land. Die schönsten Frühlingsgedichte. Vera Hewener. Verlag BoD Books on Demand. Norderstedt 2021. ISBN 9783753439594

Oh Sommer, leuchte. Natur, Stadt & Land. Die schönsten Sommergedichte. Vera Hewener. Verlag BoD Books on Demand. Norderstedt 2021. ISBN 9783753421414

Oh Herbst, wandle!. Natur, Stadt & Land. Die schönsten Herbstgedichte. Vera Hewener. Verlag BoD Books on Demand. Norderstedt 2021. ISBN 9783754320655

Oh Winter, schneie! Natur, Stadt & Land. Die schönsten Wintergedichte. Vera Hewener. Verlag BoD Books on Demand. Norderstedt 2021. ISBN 9783754347034

Das kleine Tännlein. Die schönsten Weihnachtgeschichten. Vera Hewener. Verlag BoD Books on Demand. Norderstedt 2021. ISBN 9783755701705.

Denn die Zeit ist des Ewigen Aufgang. Zeitgedichte von der Morgenröte bis zur Abendstunde. Vera Hewener. Verlag BoD Books on Demand. Norderstedt 2022. ISBN 9783755738756

Denn die Nacht ist der Spiegel der Sterne. Abend- und Nachtgedichte. Vera Hewener. Verlag BoD Books on Demand. Norderstedt 2022. ISBN 9783755730125

Verrückte Tierliebe. Tiergedichte für alle Generationen. Vera Hewener. Verlag BoD Books on Demand. Norderstedt 2022. ISBN 9783754359860

Wellen, Wogen, Himmelsbogen. Gedichte und Geschichten über Meere, Ströme und Gewässer. Vera Hewener. Verlag BoD Books on Demand. Norderstedt 2022. ISBN 9783755734468

Äpfel, Nuss und Mandelkuss. Weihnachtsgeschichten. Vera Hewener. Verlag BoD Books on Demand. Norderstedt 2022. Verlag BoD Books on Demand. Norderstedt 2022.